Autokauf Ratgeber für Einsteiger

Wie Sie preiswerte Angebote finden, Ihr Auto gekonnt kaufen und jedes Fettnäpfchen beim Kauf von Gebrauchtwagen sicher umgehen

Mario Schweizer

Alle Ratschläge in diesem Buch wurden sorgfältig erwogen und geprüft. Eine Garantie kann dennoch nicht übernommen werden. Eine Haftung des Autors beziehungsweise des Verlags für jegliche Personen-, Sach- und Vermögensschäden ist daher ausgeschlossen.

INHALT

1. Einleitung

D ieses Buch ist geeignet für jeden, der Wert auf einen fundierten Einstieg in die Gebrauchtwagensuche und den entsprechenden Test am Fahrzeug legt, um sich und sein Portemonnaie vor späteren Enttäuschungen zu schützen.

Sie werden erstaunt darüber sein, was Sie mithilfe weniger Tricks besser machen können. Wie Sie sich vor Betrug und Unwissenheit des Verkäufers schützen, aber auch, wie Sie sich und Ihre Passagiere vor möglichen Gefahren des neuen KFZs schützen, erfahren Sie in diesem Ratgeber. Lassen Sie sich durch dieses Buch zu neuen Methodiken bezüglich des Autokaufes anregen.

Dieses Buch ist ein Ratgeber mit zahlreichen Anwendungsbezügen. Daher lernen Sie nicht nur sinnvolle und praxisnahe Tipps kennen, die Sie beim Kauf Ihres Wagens befolgen sollten, sondern darüber hinaus auch einige bekannte, aber auch weniger populäre Webseiten und Anwendungen, die Sie bei Ihrer Reise durch die Welt der Gebrauchtwagen nutzen können. Hierfür benötigen Sie einfach nur einen Internetzugang und ein browser-fähiges Endgerät. Das steht Ihnen mit Sicherheit zur Verfügung. Dafür würde ich meine Hand ins Feuer legen.

Ich persönlich arbeite gerne mit eBay Kleinanzeigen. Aber wir werden noch herausfinden, welche Herangehensweise die effektivste und nützlichste ist.

Es ist selbstverständlich Ihnen überlassen, ob Sie die Infos, die Sie in diesem Buch erfahren werden, entweder nutzen oder davon absehen möchten. Ich empfehle Ihnen aber auf jeden Fall, immer kritisch über alles nachzudenken, was den Autokauf angeht. Nur so gehen Sie mit einer gewissen Skepsis ins Rennen, die dazu nötig ist, einmal einen echten Glückskauf zu erlangen – praktisch, nicht wahr?

Viel Spaß beim Lesen!

2. Die Suche nach dem richtigen Auto

Im ersten Fachkapitel dieses Ratgebers dürfen Sie sich von den vielen neuen Informationen nicht überwältigen lassen. Sie lernen neue Internetseiten kennen, mit denen eine konkrete Suche nach Fahrzeugen möglich ist. Gleichzeitig erlernen Sie auch die ersten Tipps und Tricks, mit denen Sie als Fahrzeugkritiker starten können. So gehen Sie anschließend ausreichend gewappnet in die technische Bewertung Ihres Wunschfahrzeuges.

2.1 INSTAMOTION

2.1.1 Fahrzeugwahl

InstaMotion ist der richtige Ansprechpartner, wenn Sie Ihr passendes Fahrzeug aus mehr als 30.000 Inseraten deutschlandweit finden möchten. Die Website bietet neben dem eigentlichen Autohandel die Möglichkeit, eine Allianz KFZ-Versicherung abzuschließen, Ihr Wunschkennzeichen zu reservieren, neue Winterräder zu kaufen oder auch ein Garantie Upgrade abzuschließen.

2.1.2 Kauf und Finanzierung

Bei InstaMotion haben Sie die Möglichkeit, die Finanzierung oder die Überweisung mit Klarna zu tätigen. Was für viele Autokäufer und womöglich auch für Sie entscheidend ist, ist eine individuelle Finanzierung nach eigenen Wünschen und Vorstellungen.

Hierfür erfolgt die nötige Legitimation mit modernen Methoden wie der Web-ID. Der Postweg ist jedoch ebenfalls möglich. Des Weiteren ist eine Barzahlung möglich.

2.1.3 Zulassung und Lieferung

Für die Zulassung werden der Personalausweis, die elektronische Versicherungsbestätigung (kurz: eVB-Nummer) sowie eine Vollmacht und ein SEPA-

Lastschriftmandat für die KFZ-Steuer benötigt. Sie können zusätzlich noch Angaben zu Ihrem Wunschkennzeichen machen. Der Ablauf ähnelt also dem beim Straßenverkehrsamt, nur dass Sie sich nicht auf den Weg machen und stundenlang warten müssen, nachdem Sie eine Nummer gezogen haben. Nach der Anmeldung wird das Fahrzeug, welches nun auf Sie registriert ist, an Ihre Adresse geliefert.

Sie sehen also: InstaMotion ist ein marktbeherrschender Allrounder, der alle Kundenwünsche individuell abdecken kann. So können Sie ganz bequem Ihren Neu- oder Gebrauchtwagen kaufen.

2.2 EBAY KLEINANZEIGEN

2.2.1 Konzept

Das Konzept von eBay Kleinanzeigen sieht vor, dass sich sowohl private als auch gewerbliche Verkäufer auf einer App-basierten Plattform über Ihre Produkte austauschen können.

Anders als bei eBay ist es bei eBay Kleinanzeigen sehr einfach, mit dem Verkäufer in Kontakt zu treten und sich gezielt auszutauschen. Das ist besonders wichtig, wenn es um Gebrauchtwagenkäufe geht. Bilder sagen zwar bekanntlich mehr als tausend Worte, doch sollten Sie grundsätzlich skeptisch in die Verhandlung gehen: Immerhin geht es um ein Produkt, das unter Umständen mehrere Monatslöhne kosten wird. eBay Kleinanzeigen bietet daher ein ideales Konzept des Austausches zwischen Verkäufern und potentiellen Käufern an.

2.2.2 Die Suche nach Kategorien

Bei eBay Kleinanzeigen können Sie nicht nur Suchbegriffe eingeben. Sie verfügen zusätzlich über die Möglichkeit, Ihre Suche durch Suchfilter und Kategorien gezielt einzugrenzen.

Unter der Kategorie Autos gibt es beispielsweise die Auswahl zwischen Marken, Kilometerstand, Erstzulassungsjahr, Kraftstoffart, Leistung, Getriebe, Fahrzeugtyp, Anzahl an Türen, Fälligkeit der Hauptuntersuchung, Umweltplakette, Schadstoffklasse, Farbe, Innenausstattung und dem Fahrzeugzustand. Die Suchfilter sind sehr präzise, sodass Ihnen schlussendlich wirklich nur genau das angezeigt wird, was Sie haben möchten.

2.2.3 Wie geben Sie Ihre Suchanzeige auf?

Wenn Sie Ihr Auto verkaufen möchten, ist es wichtig, im Vorfeld einige Fotos von ihm zu machen. Anschließend besorgen Sie sich alle nötigen Infos und Details zu Ihrem Fahrzeug (s. o.). Nun können Sie einfach auf den Reiter „Anzeige aufgeben" klicken. Fügen Sie Ihre Informationen und Bilder ein und entscheiden Sie sich für einen prägnanten Titel der Anzeige. Sie können die Anzeigen sowohl mit Ihrer E-Mail-Adresse als auch mit Ihrer Telefonnummer verknüpfen. Beides sorgt dafür, dass mögliche Kunden leichter mit Ihnen in den Austausch treten können.

2.2.4 Wie sichern Sie sich ab?

Sie müssen sowohl beim Verkauf als auch beim Kauf auf folgende Stichpunkte achten: Garantiebestimmung, Verwendung von Markennamen, Sachmangelhaftung und Schadensersatz. Mögliche Formulierungen, die Sie in Ihre Anzeige einbauen können, aber auch häufig vorfinden werden, lauten wie folgt:

„Der Artikel wird, wie beschrieben, von Privat verkauft. Der Verkäufer übernimmt keinerlei Garantie oder Gewährleistung, auch nicht für Folgeschäden. Der Käufer erklärt sich bei Gebot AUSDRÜCKLICH damit einverstanden. Eine Rücknahme ist ebenfalls ausgeschlossen."

„Verwendete Markenamen dienen nur der Artikelbeschreibung, sämtliche Rechte unterliegen dem Namenseigentümer."

„Der Verkauf erfolgt unter Ausschluss jeglicher Sachmangelhaftung."

„Die Haftung auf Schadensersatz wegen Verletzungen von Gesundheit, Körper oder Leben und grob fahrlässiger und/oder vorsätzlicher Verletzungen meiner Pflichten als Verkäufer bleibt davon unberührt."

2.3 TIPPS VON MOBILE.DE

mobile.de ist eine populäre Webseite, auf der Gebrauchtwagen angeboten werden. Im folgenden Kapitel fasse ich Ihnen einige Tipps, die Sie beim Gebrauchtwagenkauf auf dieser Plattform beachten sollten, zusammen.

Der Kilometerstand gibt an, welche Strecke das Auto bisher zurückgelegt hat. Doch ist er eine repräsentative Größe? Nein, sagen die Experten von mobile.de. Warum? Der Kilometerstand gibt keinerlei Auskunft darüber, wie genau das Fahrzeug genutzt wurde. Davon müssen Sie sich selbst ein Bild machen. Das Auto kann zustandsmäßig miserabel sein, jedoch gleichzeitig auf der Höhe, was Leistung und Technik angeht. Lesen Sie hierzu Kapitel 3.

Sie kennen bestimmt die unzähligen Mythen, die sich um teure und billige Fahrzeuge ranken.

Eine stimmt auf jeden Fall: Die teureren Modelle mit hochwertigeren Motoren halten genau dann besser, wenn die Pflege stimmt. Und dafür sind Sie verantwortlich. Sie müssen bei einem Gebrauchtwagenkauf also sicherstellen, dass der Verkäufer sich um sein Schätzchen gekümmert hat. Bei Gebrauchtwagen, die zumeist im Langstreckeneinsatz waren, ist der Verschleiß häufig geringer, da es Baugruppen gibt, die sehr anfällig für Kurz- und Kaltfahrten sind. Sie können die Lebensdauer Ihres Fahrzeugs jedoch auch erhöhen, wenn Sie sich an Ölwechsel- und Serviceintervalle halten. Zudem hilft eine schonende Fahrweise enorm.

Achten Sie zudem auf manipulierte Tachos! Der TÜV gibt in seinem Jahresbericht bekannt, dass jeder dritte Tacho manipuliert sei.

Natürlich hat auch der gepflegteste Gebrauchtwagen-Motor seine Altersgrenze. Ein Auto mit einem Tacho-stand von über 200.000 Kilometern sollten Sie sich besser nicht kaufen – allenfalls zu einem niedrigen Preis und mit dem Wissen, dass Sie nicht mehr viel von ihm erwarten können oder natürlich, wenn es sich um ein Sammlerstück handelt.

2.3.1 Was sollten Sie vor dem Autokauf wissen?

Sie können ein Fahrzeug über verschiedene Quellen erwerben. Allgemein empfiehlt es sich, zu einem Händler zu gehen, da Händler zur Gewährleistung verpflichtet sind. Was genau Ihnen das bringt? Stellen Sie sich vor, dass Ihnen zwei Monate nach dem Kauf der Motor kaputtgeht. In diesem Fall haftet der Händler, wenn es kein Eigenverschulden ist. Bei einem Privatkauf hingegen müssen Sie wieder in Ihr eigenes Portemonnaie greifen und den Defekt bezahlen - wenn Sie nicht sogar gleich ein neues Auto kaufen müssen, was sehr ärgerlich wäre.

Aber Vorsicht:

Gerade bei alten Fahrzeugen versuchen sich manche Händler mit Zusätzen wie „für den Export", „für Gewerbetreibende" oder „Verkauf im Auftrag von privat" herauszureden, um damit ihre Gewährleistungspflicht zu umgehen. Von diesen Autohändlern lassen Sie besser die Finger, da sie nicht seriös sind.

2.3.2 Welches ist das richtige Auto für Sie?

Bei welchen Marken und Modellen können Sie sparen?

Anhand der Listen erkennen Sie, dass kostengünstige Autos eher von Exportmarken und nicht von deutschen Herstellern stammen. Einige der preiswertesten Neuwagen produzieren Dacia, Lada, Mitsubishi und

Hyundai. Doch dabei handelt es sich nur um eine Momentaufnahme: Die Preise variieren von Monat zu Monat. Neuwagen, die etwas mehr als 10.000 Euro kosten, wie beispielsweise der Renault Twingo, der Fiat Panda, der Hyundai i10 oder der Toyota Aygo, können schon nächsten Monat unter die 10.000-Euro-Grenze fallen. Grund dafür sind einzelne Hersteller- oder Händlerangebote, dazu kommen besonders günstige Preise für Auslaufmodelle. Diese gibt es in der Regel dann, wenn das Nachfolgemodell schon beworben wird. Damit der Händler das vermeintlich alte Auto dennoch gut verkaufen kann, senkt er den Preis.

Ebenso stellen die Hersteller bei vielen Sondermodellen interessante Pakete zusammen, die in der Summe der neuen Optionen für den Kunden preistechnisch günstiger sind. Wenn Sie sich für ein spezielles Modell entschieden haben, fragen Sie einen Händler nach Sondermodellen oder recherchieren Sie selbst. Vielleicht haben Sie Glück und es gibt für Ihren Traumwagen bald eine spezielle Sonderausstattung zu einem besonders günstigen Preis. Der Hyundai i10 beispielsweise kostet in der Basisvariante ohne Extras knapp weniger als 10.000 Euro.

Offen bleibt die Frage, ob die billigen Neuwagen auch auf Dauer günstig bleiben. In den ersten Monaten werden Neuwagenbesitzer mit ihrem Auto sicherlich glücklich und zufrieden sein. Ob die preiswerten Neuwagen aber auch nach einigen Jahren noch Freude bereiten, lässt sich schwer vorhersagen. Einen Anhaltspunkt hierfür bieten die Pannenstatistik des ADACs und der Mängelreport des TÜVs. In beiden Listen liegen eher teure Autos vorne – und preiswerte Fahrzeuge hinten.

Tipp: Die Super-Spar-Angebote der Hersteller sind oft nur ein Lockmittel. Meist sind diese Autos „Verzichtserklärungen auf Rädern", oft ohne Radio und elektrische Fensterheber. Auch eine Klimaanlage führt in der Regel zu einem Aufpreis. Generell gilt: Wer beim Autokauf nur auf den reinen Kaufpreis schaut, missachtet viele andere Aspekte, die finanziell ebenfalls relevant sind, zum Beispiel anfallende Neben- oder Betriebskosten. Dazu zählen unter anderem:

- Kfz-Steuer
- Kfz-Versicherung
- Kraftstoffverbrauch
- Wartungskosten
- Reifenkosten
- Wertverlust

2.3.3 Der Kaufprozess

Bevor Sie Ihr Fahrzeug kaufen, testen Sie es in der Regel während einer Probefahrt. Doch wer haftet, wenn dabei etwas passiert? Im folgenden Abschnitt gehe ich auf die Notwendigkeit eines Probefahrt-Vertrages ein. Allgemein sind Sie als Fahrzeugführer über die Versicherung des Halters abgedeckt, wenn Sie eine Probefahrt anstreben. Das ist jedoch nur dann der Fall, wenn das Auto auch angemeldet ist. In den meisten Fällen ereignet sich bei einer Probefahrt nichts Dramatisches. Doch wenn etwas passiert, wird es kompliziert. Was also muss zwingend in einen Probefahrt-Vertrag aufgenommen werden? In den Vertrag gehören genaue Daten zum Fahrer, Halter (Verkäufer) und zum Fahrzeug. Dazu kommt eine Vereinbarung, wer im Falle eines Unfalls die Kosten trägt. Dabei ist es unerheblich, ob Sie den Probefahrt-Vertrag beim Händler, im Autohaus oder beim privaten Kauf / Verkauf abschließen. Für alle Vertragsnehmer gilt:

1. Die Probefahrt ist ein kostenloses Angebot des Verkäufers. Alle betrieblich anfallenden Kosten gehen zu Lasten des Verkäufers.

2. Das Fahrzeug wird nur für die Probefahrt

ausgehändigt. Es darf kein anderer außer dem angegebenen Fahrer das Fahrzeug führen.

3. Den Besitz einer gültigen Fahrerlaubnis sowie den guten Umgang mit dem Fahrzeug versichert der Fahrer mit seiner Unterschrift.

4. Alkohol und Drogen sind nicht gestattet!

5. Im Falle einer Störung oder eines Unfalls wird der Halter durch den Fahrer zügig in Kenntnis gesetzt und geht bei Gefahr im Verzug in Vorleistung.

6. Schäden, die nicht von einem Unfall herrühren, sind Sache des Fahrers. Dieser haftet vollumfänglich für diese und weitere Folgeschäden.

7. Im Falle eines Diebstahls haftet der Fahrer vollumfänglich, es sei denn der Halter ist im Besitz einer entsprechenden Teilkasko. Dabei haftet der Fahrer allerdings dennoch für die Selbstbeteiligung.

8. Für Personenschäden, die durch die Probefahrt entstehen können, wenn der Halter vorsätzlich gehandelt hat, haftet dieser.

9. Die Probefahrt endet, wenn der Fahrer dem Halter das Fahrzeug nachgetankt am vereinbarten Ort zur vereinbarten Uhrzeit übergibt.

Nun kommen wir zur Zahlungsabwicklung. Zahlen Sie auf keinen Fall einen Betrag im Voraus, um das Fahrzeug zu reservieren. mobile.de verlangt keine Reservierungsgebühren für den An- oder Verkauf. Sie haben ansonsten nämlich keinerlei Sicherheit darüber, was mit Ihrem Geld geschieht.

Außerdem sollten Sie sich auch vor Betrug über WhatsApp und ähnlichen Messengerdiensten schützen. An- und Verkäufer können Ihre „Kunden" dadurch austricksen, dass der Kontakt zunächst formell über den E-Mail-Verkehr läuft. Dann aber möchten sie zusätzlich den persönlichen Kontakt aufnehmen und Ihnen über WhatsApp schreiben - dort behaupten sie, der Zustand des Autos sei tadellos. Sollte der Verkäufer über WhatsApp nicht die Wahrheit sagen, kann er sich dennoch darauf berufen, dass er Ihnen formell korrekt Auskunft gegeben hat. Seien Sie also kritisch! Wenn Sie zunächst von einem Wagen mit Unfallschaden ausgehen und der Verkäufer Ihnen im Anschluss über ein anderes Medium mitteilt, dass dies ein Missverständnis war, geraten Sie in die Falle, ein

Auto zu kaufen, das es so gar nicht gibt. Also Vorsicht!

Ähnliches geschieht auch häufig über SMS-Phishing oder per E-Mail. Hierbei handelt es sich um Datenmissbrauch: Die Betrüger generieren seriös aussehende Mails und zwingen Sie dazu, persönliche Daten wie zum Beispiel Ihre Kreditkartennummer preiszugeben. Die Täter handeln mit Ihren Daten, geben sie an Dritte weiter und können so dafür verantwortlich sein, dass Ihnen irgendwann lauter Rechnungen von Dingen, die Sie nie erworben haben, gestellt werden. Öffnen Sie daher niemals Datenanhänge von solchen Anbietern!

Kontrollieren Sie außerdem, wer als Halter im Fahrzeugschein/-brief eingetragen ist. Nur derjenige, der eingetragen ist, darf sich Besitzer des Fahrzeugs nennen und verfügt über das Recht, dieses zu verkaufen.

Sehen Sie zu, dass die gesamte Ausstattung aufgeführt ist und auch wirklich vorliegt. Es ist sicherlich schön, dass das Fahrzeug zur Besichtigung bequeme Ledersitze hatte. Wenn Sie jedoch einen Kaufvertrag eingehen, in dem diese Sitze nicht enthalten sind, steht nach Auslieferung ein Fahrzeug vor Ihrer Tür, welches diese Ausstattung nicht hat. Verträge sind rechtsbindend. Sorgen Sie also dafür, dass im Vertrag exakt das

Auto beschrieben steht, welches Sie sich angeschaut haben!

Der Autokauf ist eine Vertrauenssache. Mit ein bisschen Aufmerksamkeit und Kontrolle werden aber auch Sie Ihr nächstes Auto kaufen können. Die Plattform mobile.de unterstützt Sie bei der Suche und beim Inserat. Jedoch ist mobile.de nicht an der Kaufabwicklung beteiligt und gibt grundsätzlich keine Empfehlung zur Bezahlung, zum Käufer, zum Verkäufer und zur Vertrauenswürdigkeit ab. Alle Vereinbarungen treffen Käufer und Verkäufer untereinander. Sollten Sie dennoch eine E-Mail zu den Themen Vertrauenswürdigkeit, Bezahl-formalitäten oder Treuhandkonten erhalten, stammt diese nicht von mobile.de, sondern ist eine Betrugsmasche - wie oben beschrieben.

Häufig findet der Autokauf als Bargeldgeschäft statt. Bei teuren Autos können es mehrere zehntausend Euro sein, die der Käufer an den Verkäufer bezahlen muss. Wenn Sie ein Auto von einem privaten Anbieter kaufen oder an eine Privatperson verkaufen möchten, dürfen Sie niemals allein zur Geldübergabe gehen. Warum? Dunkle Ecken und anonyme Orte wie Autobahnraststätten und Parkhäuser sowie ungewöhnliche Uhrzeiten wie mitten in der Nacht bergen auf der einen Seite Gefahren für Sie, auf der anderen

Seite zusätzlich auch Möglichkeiten und Spielraum für Betrüger. Die Geldübergabe oder Anzahlung sollte stets in einem sicheren Umfeld stattfinden. Das kann die Wohnung des Verkäufers sein, wenn die Adresse bekannt ist, oder ein Autohaus oder auch eine Bank. Wichtig ist auch: Lassen Sie sich nicht unter Druck setzen. Sie bestimmen, ob und wann Sie Ihr Auto kaufen oder verkaufen möchten.

2.4 TIPPS DES ADACS

Im folgenden Kapitel wird die Frage erörtert, welches Auto wirklich zu Ihnen passt. Vorab ist es interessant zu wissen, dass die Frage, ob große Menschen wirklich große Autos benötigen, nicht trivial ist. Der ADAC klärt auf, dass Sie selbst mit einer Körpergröße von 1,90 Metern noch in den kleinsten Autos Platz finden. Und das nicht nur theoretisch, sondern sicher und bequem. Der ADAC hat in mehreren Autotests festgestellt, dass überaus große Personen auch in kleinen Personen-Kraftwagen bequem Platz finden können, indem er sich an Größen wie der maximalen Beinlänge, der Innenraumhöhe sowie der Kopfstützenhöhe orientiert hat.

Zu beachten ist: Wenn Sie überdurchschnittlich groß sind, sollten Sie nie auf eine Probefahrt verzichten! Führen Sie diese unbedingt durch, um zu testen, ob das Auto für Ihre Körpergröße geeignet ist. Hierbei spielt nicht nur die Gesamtgröße Ihres Körpers eine Rolle. Die Bequemlichkeit wird stark durch die Proportionen, beispielsweise das Verhältnis zwischen Ober- und Unterkörper, beeinflusst. Wenn Sie zum Beispiel einen eher kurzen Oberkörper haben, benötigen Sie in der Regel nicht viel Kopffreiheit. Haben Sie hingegen lange Beine, wird das Fahren ohne die geeignete maximale Beinfreiheit im Fahrzeug untragbar. Daher speilt nicht nur das Probefahren eine entscheidende Rolle. Bereits das Probesitzen klärt in erster Linie darüber auf, ob genügend Kopf- und Beinfreiheit herrschen. Entscheidend dabei ist es, dass sich der Sitz so verstellen lässt, dass Sie an die Pedale kommen, ohne dabei gegen das Lenkrad oder das Armaturenbrett zu stoßen. Andernfalls ist eine sichere Fahrt nicht mehr gewährleistet. Zusätzlich zu den bereits genannten Größen hat der Abstand zum Lenkrad einen hohen Stellenwert. Ist dieser zu niedrig, sitzen Sie eingeengt in Ihrem Fahrzeug, ohne dass Sie dieses wirklich steuern können, da eine ausreichende Armfreiheit notwendig ist, um schnell und agil lenken zu können.

Befinden sich die Kopfstützen auf Kopfhöhe? Stellen Sie sich vor, dass Ihnen eine andere Person hinten auffährt und sich Ihre Kopfstützen nur auf Nackenhöhe befinden: Dadurch besteht ein hohes Verletzungsrisiko. Achten Sie also darauf, dass Sie ein Fahrzeug kaufen, bei dem eine korrekte Einstellung der Kopfstützen möglich ist.

Auf welche Accessoires ist nicht immer Verlass?
• Das Schiebedach kann die Kopffreiheit verringern, da es meist ins eigentliche Autodach eingefahren wird. Durch die höhere Wandstärke wird die Innenraumhöhe reduziert.

• Das Lenkrad sollte höhen-/ längsverstellbar sein. Warum? Wenn Sie lange Beine haben, müssen Sie das Lenkrad höher einstellen und wenn Sie kurze Arme haben, müssen Sie es näher zu sich heranholen.

• Ihr Sitz sollte höhen-/neigungsverstellbar sein. Nur auf diese Art und Weise können Sie den Komfort Ihres Wagens so an sich anpassen, dass Sie sich körperlich nicht verbiegen müssen. Schonen Sie sich und Ihren Rücken, indem Sie den Sitz an Ihre Wirbelsäule anpassen.

Welche Alternativen gibt es, wenn ein Accessoire nicht zu Ihnen passt?

Es gibt viel Zubehör. Wenn Sie planen, Ihr Auto bei einem Händler zu kaufen, so fragen Sie doch zum Beispiel nach Sitzschienenverlängerung. Meist gibt es dieses Sonderzubehör ab Werk oder es ist ein nachträglicher Umbau möglich. Ein Autosattler kann sich zudem damit beschäftigen, wie die Polsterung des Wagens verringert werden kann, damit Sie mehr Kopffreiheit genießen können. Auch ein Spezialsitz ab Werk oder als Nachrüstung ist oft eine lohnende Option.

3. Was gilt es, beim Kauf zu beachten?

D ieses Kapitel bietet Ihnen einen praktischen Überblick über die Maßnahmen, welche Sie vor oder während eines Autokaufs beachten sollten.

3.1 PRÜFUNG DER FAHRZEUG-IDENTIFIKATIONSNUMMER

Was ist die Fahrzeugidentifikationsnummer und warum sollten Sie diese prüfen? Sie sollten Ihre FIN prüfen, um die Historie Ihres Fahrzeugs generieren zu können. Hatte das Fahrzeug einen Unfall? Versicherungen verfügen über ein zentrales Register und haben

somit die Möglichkeit, die FIN beim Straßenverkehrsamt abzufragen. Ein Vorschaden ist im Zentralregister
sofort unter der FIN einsehbar - auch für Sie als Inte-
ressenten des Fahrzeuges.

Hilfe leistet Ihnen dabei der VIN-Info-Bericht, indem er sehr nützlichen Fahrzeuginformationen bietet:
Alle bisherigen Verkäufe, die vorhandenen Kilometer-
stände, Fotos, Unfälle und sogar Zwischenfälle, die
zum Beispiel vom ADAC dokumentiert worden sind,
finden Sie hier. Ihre Suche nach einem Fahrzeug ba-
siert mithilfe dieses Tools auf Fakten. Doch wie ent-
schlüsseln Sie die FIN Ihres Wunschwagens?

Die FIN steht sowohl im Fahrzeugschein als auch
im Fahrzeugbrief. Fordern Sie vor Besichtigung des
Fahrzeuges eine Kopie des Fahrzeugscheins an. Wie
oben beschrieben können Sie jetzt ganz einfach die
Historie Ihres Wunschwagens herausfinden. Bei der
Besichtigung vor Ort müssen Sie anschließend überprüfen, ob die FIN auf dem Fahrzeugschein auch mit
der auf dem Fahrzeug übereinstimmt. Diese befindet
sich grundsätzlich an einer Stelle auf dem Fahrzeugrahmen. Bei VW beispielsweise findet man die FIN
meistens in einem kleinen „Guckloch" in der Windschutzscheibe.

Folgende Informationen bietet Ihnen die FIN:

• Die Geschichte Ihres Fahrzeugs

• Eine Zusammenstellung aller Inspektionen

• Den Kilometerstand

• Fotos Ihres Fahrzeugs

• Einen Abgleich mit Datenbanken gestohlener Autos

• Weitere technische Details und Umbauten

• Die herstellerbezogenen Ausstattungscodes

3.2 DIE BESICHTIGUNG VOR ORT

Jeden Tag werden in Deutschland Tausende von Gebrauchtwagen erworben. Doch unter dieser hohen Verkaufszahl befindet sich eine nicht unerhebliche Anzahl an Käufern, die schlussendlich verärgert ist. Das kann am zu hohen Kaufpreis oder unerwartet hohen Folgekosten liegen. Wahrscheinlich treten derart böse Überraschungen oft auf, weil die meisten Menschen nur selten einen neuen Gebrauchtwagen erwerben und dementsprechend nicht genügend Erfahrung dafür mitbringen. Nicht aber Sie!

Nachdem Sie dieses Kapitel durchgestöbert haben, wird Ihnen bewusst sein, dass die wenigsten der Dinge, welche hier angesprochen werden, für Sie als (wahrscheinlich) Nicht-Techniker offensichtlich gewesen wären. Also folgen Sie mir auf einer Reise durch die fundamentalen Regeln bei der Besichtigung vor Ort.

3.2.1 Technische Mängel herausstellen

Wollen Sie sich vor reparaturbedingten Folgekosten schützen? Dann kaufen Sie doch einfach ein Auto, dessen Zustand seinen Preis wert ist! Hierzu sollten Sie wissen, welche technischen Mängel Sie schon bei Ihrer Besichtigung feststellen können, auch wenn Sie Ihr Auto nicht zum Hätscheln, sondern zum Benutzen erwerben möchten und Ihnen möglicherweise die Vorerfahrung fehlt.

Sie wollen sich also jetzt einen Gebrauchtwagen anschauen und haben wahrscheinlich lange dafür gespart, wenn nicht sogar einen Kredit oder eine andere Finanzierungsmöglichkeit aufgenommen? Dann investieren Sie niemals mit einer „Es-wird-schon-gut-gehen-Einstellung"! Seien Sie so kritisch wie Joachim Llambi bei „Let's Dance" oder Dieter Bohlen bei „Deutschland sucht den Superstar". Der Kauf leert Ihnen schließlich das Portemonnaie. Und das sollten Sie nur ruhigen Gewissens zulassen!

Wenn Sie sich nun für eine hochtechnische und dabei langjährig gebrauchte Maschine entschieden haben, planen Sie wahrscheinlich Ihre Besichtigung. Vergessen Sie dabei auf keinen Fall, ein OBD-Auslesegerät mitzunehmen, sofern Sie eins besitzen. Ich erkläre Ihnen anschließend auch, wieso.

Bei dem Kauf von Gebrauchtwagen haben Sie immer die Wahl zwischen dem privaten Erwerb und dem Kauf beim Händler. Zwischen diesen beiden Optionen zu wählen ist von entscheidender Bedeutung, da der Erwerb beim Händler aktuell der Gewährleistungspflicht unterliegt. Ein Händler hat also „Garantie" zu leisten.

Der Händler wäre kein Händler, wenn er an dem Verkauf nichts verdienen würde. Deshalb sind private Angebote oft verlockender: Privatverkäufer haben in der Regel kein Interesse daran, zu verdienen, sondern nur daran, zu verkaufen. Und das ist der springende Punkt: Bei welchem Wagen würden Sie eher einen Defekt vermuten? Bei einem Wagen, dessen Verkäufer mindestens ein halbes Jahr Gewährleistung auf alle anfallenden Reparaturen (bis auf Verschleißteile) geben muss? Oder bei einem Wagen eines privaten Verkäufers, der froh ist, wenn er weg ist?

Teilweise sind private Verkäufer sogar so dreist, dass sie Ihre Autos zu den gleichen Preisen wie die Händler anbieten. Finger weg! Denn hier fehlt die Gewährleistungspflicht. Sie sollten Ihr Auto also nicht bei einem solchen Verkäufer erwerben.

Gleichzeitig müssen Sie sich gegen Undercover-Händler wappnen! Doch was bedeutet das genau? Manche Händler wissen, dass sie selbst keinen guten Autokauf getätigt haben und stellen anschließend diverse technische Mängel, wenn nicht sogar zulassungsrelevante Fehler, fest, mit denen sie sich nicht ein Jahr lang (während der Gewährleistung) beim Weiterverkauf herumschlagen wollen. Was scheint hier eine sinnvolle Verkaufsstrategie zu sein?

Die Händler inserieren diesen Wagen privat und sind somit von der gesetzlichen Gewährleistungspflicht befreit. Auch ich wurde bereits Opfer eines solchen Undercover-Händlers. Hier rate ich Ihnen an, sich zuvor ausführlich über den Verkäufer zu informieren. Ist er Geschäftsführer eines Autohandels, der privat inseriert? Dann Finger weg! Andererseits kann ein Undercover-Angebot auch über Dritte vermarktet werden. Informieren Sie sich hier über die Vorbesitzer! Sichten Sie den Fahrzeugbrief und stellen Sie heraus, wo große zeitliche Lücken im Betrieb des KFZs auftreten. Kann der Verkäufer Ihnen keine Auskunft darüber geben, warum das Fahrzeug ein Jahr lang abgemeldet war, so können Sie sich sicher sein, dass etwas nicht stimmt, da nicht ausgeschlossen werden kann, dass sich der Wagen dieses Jahr bei einem Händler befunden hat. Ich möchte Ihnen aber nicht grundsätzlich von einem Privatkauf abraten. Es gibt nämlich auch wesentliche Vorteile, die ein Privatkauf mit sich bringt.

Sie kaufen beim Händler teuer, aber dafür mit Gewährleistung ein. Jetzt wollen Sie Ihr Fahrzeug jedoch im Folgejahr wieder verkaufen. Was passiert? Sie erleiden einen erheblichen Verlust. Warum? Zum einen verfällt die Gewährleistung beim Weiterverkauf, zum anderen erfährt Ihr KFZ innerhalb eines Jahres einen altersbedingten Wertverlust. Ihr Wagen besitzt Verschleißteile wie die Kupplung, die Bremsen und die Reifen, die Sie nicht erneuert haben. Die Abnutzung führt unmittelbar zu einem Wertverlust. Also müssen Sie erstmal investieren, um den Ausgangszustand des Autos wiederherzustellen - auch hier freut sich Ihr Portemonnaie nicht.

Sie werden mir nun also zustimmen können: Wenn Sie privat kaufen und privat verkaufen, haben Sie den Vorteil, dass Ihr Verlust in einer solchen Situation nicht allzu groß ist. Die Gewährleistung war ohnehin nicht vorhanden und der Privatkäufer kann genau wie Sie nur schwer einschätzen, in welchem Zustand die Verschleißteile sind.

Jetzt ist es aber an der Zeit, sich mit der Besichtigung vor Ort auseinanderzusetzen. Der Verkauf von Privatverkäufer an Privatkäufer spielt sich meistens nach dem gleichen Muster ab:

1. Die Suche nach den besten Angeboten: Sie als Interessent oder Interessentin schauen sich verschiedene Inserate in Zeitungen und im Internet an. Im Anschluss treffen Sie eine konkrete Auswahl.

2. Sie rufen den Verkäufer an und nehmen zum ersten Mal Kontakt zu ihm auf. Das ist sehr wichtig, weil Ihr erster Eindruck zu dem KFZ über die Ferndiagnose vermittelt wird. Hier wird Ihnen der Verkäufer alle grundsätzlichen Informationen zu Ihrem Wunschauto geben und es besteht bereits die Möglichkeit, einen Besichtigungstermin festzulegen.

3. Sie führen die Fahrzeugbesichtigung vor Ort durch und testen das KFZ während einer Probefahrt. Hierzu sollten Sie sich frühzeitig im Internet über eventuelle technische Schwierigkeiten Ihres Wunschautos informieren. Schauen Sie sich die möglichen Schwachstellen gut an! Gleichzeitig sollten Sie während der Besichtigung die Möglichkeit nutzen, sich über den Zustand

des Fahrzeugs vor Ort bestens in Kenntnis zu setzen. Wenn Sie keine großen Mängel feststellen können, wollen Sie in der Regel einen Kaufvertrag eingehen. Sie legen also mit dem Verkäufer, der wahrscheinlich auf Verhandlungsbasis inseriert hat, Ihren Kaufpreis fest. Unterschrift und fertig.

Anhand der Chronologie, die Sie bei der Bewältigung der Problemdomäne „Autokauf" nutzen, wurde dieser Ratgeber aufgebaut. Sie haben nun also die Möglichkeit, Schritt für Schritt einen Plan für Ihre Besichtigung zu erstellen.

Welchen Einfluss der erste Eindruck von Ihrem Fahrzeug hat, wissen Sie wahrscheinlich zur Genüge. Verschaffen Sie sich diesen also in Ruhe und ohne die irreführenden Hinweise des Besitzers. Alle nötigen Informationen erhalten Sie erstmal aus dem Anzeigentext des Inserats und dem Telefongespräch, welches Sie in Schritt 2 geführt haben. Dadurch sollten Sie auch die Adresse ermitteln können, unter der das Fahrzeug aufzufinden sein wird. Nein, das ist noch zu lasch ausgedrückt! Sie haben sogar die Pflicht, die Adresse zu ermitteln! Lassen Sie sich hier nicht vom Besitzer abwimmeln! Warum? Sie erfragen die Adresse und suchen den Ort des Besichtigungstermins auf - das

Fahrzeug wird sich in unmittelbarer Nähe befinden. Gehen Sie bei Möglichkeit einmal in Abwesenheit des Besitzers daran entlang und machen Sie sich Ihren ersten Eindruck über Zustand und Wert selbst und ohne Fremdbeeinflussung.

Nun gehen Sie und klingeln. Haben Sie bereits ein gutes Gefühl für das Auto entwickelt? Schlucken Sie es herunter! Sie sind nach Lesen dieses Ratgebers Profi und treffen keine Entscheidungen auf Gefühlsbasis. Mit dieser Einstellung klingeln Sie nun beim Verkäufer und fragen erst nach den Fahrzeugpapieren. Sie wollen nicht zuerst das Auto sehen! Warum?

Nur mit klarem Sachverstand fallen Ihnen bei der Überprüfung der Angaben des Verkäufers im Inserat und der nun vorliegenden Fahrzeugpapiere Unstimmigkeiten auf. Stimmt die Euro-Abgasnorm? Wie sieht es mit Leistung, Baujahr und technischen Änderungen aus? Überprüfen Sie also noch vor der eigentlichen Besichtigung die fahrzeugrelevanten Daten auf Plausibilität. Folgendes sollten Sie unbedingt prüfen:

1. Den Fahrzeugbrief (Zulassungsbescheinigung Teil 2)
2. Den Fahrzeugschein (Zulassungsbescheinigung Teil 1)
3. Den letzten TÜV-Bericht inkl. Abgasuntersuchung

4. Sondereintragungen

5. Rechnungen, Belege und das Scheckheft

Dadurch erhalten Sie wichtige Informationen über die Erstzulassung, die Anzahl der Vorbesitzer und darüber, wie lange das Fahrzeug bereits auf den Verkäufer angemeldet ist und wann die nächste HU beim TÜV ansteht. All diese Dokumente müssen für die korrekte Anmeldung und Inbetriebnahme vorliegen. Sind Sie nun der Ansicht, dass alles mit rechten Dingen zugeht, so können Sie jetzt zum Fahrzeug gehen. Im Folgenden zeige ich Ihnen, worauf Sie dabei achten müssen.

Was ist das Erste, das Sie betrachten sollten? Sicherlich den Zustand der Karosserie. Glauben Sie mir: Lack ist sehr teuer! Hat der Wagen Blasen, Kratzer, Dellen, Beulen, Hagelschäden, Risse im Lack oder gar in den Scheiben? Gehen Sie am Fahrzeug so entlang wie der TÜV-Prüfer bei der Hauptuntersuchung! Sie haben keine Ahnung, wie? Ich erkläre es Ihnen.

Einen objektiven Zustand Ihrer Fahrzeugkarosserie erhalten Sie unter Berücksichtigung von zwei wesentlichen Faktoren:

1. Besteht ein Korrosionsbefall?

2. Bestehen Unfallschäden (sowohl behobene als auch nicht behobene)?

Für den Fahrzeugwert spielt selbstverständlich auch die Größe und Anzahl von diversen Beulen und Kratzern eine Rolle. Hieran sehen Sie allerdings auch, ob der Verkäufer einen möglichen Vorschaden, der durch einen Unfall herbeigeführt wurde, vertuschen möchte. Steinschläge und Lackschäden durch Parkplatzrempler zählen in diesem Falle auch zu Unfallschäden.

Sie können stumpfes Metall sehen, welches nicht von Lack geschützt ist? Hier entsteht schon sehr bald Rost! Zudem ist die Beschädigung frisch. Weitere Infos geben die sogenannten Spaltmaße. Dazu zählen die Breiten der Fugen an Türen, Hauben, Scheinwerfern und Stoßstangen. Das Fahrzeug muss also symmetrisch sein: Vorne und hinten sowie links und rechts sollten die Spaltmaße gleich sein und auch gleich verlaufen. Sie sollten sich nicht ändern! Gibt es hier Unstimmigkeiten? Dann gehen Sie von einem unfallbedingten Vorschaden aus!

Eine weitere wichtige Informationsquelle über den Zustand des Fahrzeugs ist der Kilometerstand. Hier gibt es zwei wesentliche Auffälligkeiten:

1. Ab welchem Kilometerstand ergibt es keinen Sinn mehr, das Fahrzeug zu kaufen?

2. Stimmt die Zahl, die im Tacho steht oder wurde hier manipuliert?

Kommen wir zum ersten Punkt: Aus früheren Zeiten stammt der Ausdruck „der Tacho ist schon einmal rum". Bei etwa 100.000 Kilometern liegt die konventionelle Grenze zwischen gut und schlecht. Doch ergibt diese Grenze pauschal Sinn? Nein! Vieles hängt vom Gebrauch des KFZs ab. Ist es eher Lang- oder Kurzstrecke gefahren? In welchen Regionen war es unterwegs? Welchen Wetterverhältnissen war es meist ausgesetzt – Regen und Schnee oder eher Sonne und trockenen Umgebungen?

Kommen wir zum nächsten Punkt: Stimmt der angegebene Kilometerstand? Auch wenn es heute deutlich schwieriger ist, dies zu überprüfen, da man früher bei den mechanischen Tachos sofort sehen konnte, wenn an den Schraubenköpfen des Tachometers und seiner Halterung gedreht wurde, so ist es zweifelsohne möglich, eine grobe Schätzung des tatsächlichen Kilometerstandes anhand von einigen Parametern abzugeben.

Das Serviceheft beispielsweise stellt eine tabellarische Dokumentation mit Kilometerstand dar. Des Weiteren können alte TÜV-Berichte dazu verwendet werden, den Kilometerstand zu überprüfen. Zudem lassen sich fahrzeuginterne Daten nutzen, um den Kilometerstand zu kontrollieren. Der Tacho ist manipulierbar, nicht aber die Steuergeräte von Bauteilen wie der Lichtmaschine, der Klimaanlage etc. Hier kann ausgelesen werden, wie lange diese bereits in Betrieb sind. Die Abweichung ist teils enorm, da diese Bauteile meistens keinen Bezug zur Straße haben und nicht an die Übersetzung des Getriebes, die Achsen und die Reifen gekoppelt sind. Anhand der Motordrehzahl lässt sich aber leicht ermitteln, welche Strecke in etwa zurückgelegt wurde. Sie nehmen jetzt also ein professionelles OBD2-Auslesegerät (VW: VCDI) zur Hand und stellen damit alle Werte fest. Die Daten werden notiert.

Und nun können Sie den Vergleich anstellen! Passen die Laufzeiten der Geräte zum Kilometerstand? Dann ist alles gut. Sind zu große Abweichungen verifizierbar, so muss davon ausgegangen werden, dass am Tacho deutlich manipuliert wurde! Kleine Manipulationen sind kaum festzustellen. Wenn betrogen wird, dann aber meist richtig – und um mehrere tausend Kilometer! Gehen Sie also davon aus, dass Ihnen diese Tipps mit Sicherheit weiterhelfen werden. Voraussetzung bleibt aber, dass Sie im Besitz eines fähigen Auslesegerätes sind und dass Sie wissen, wo Sie nachschauen müssen, um die Daten ablesen zu können.

3.2.2 Testen der notwendigen Funktionen

Nun werfen wir bei der Besichtigung einen Blick auf

den Antriebsstrang. Unter diesem Begriff versteht man alle Teile, die dafür notwendig sind, dass sich das Fahrzeug bewegt. Hierzu zählen also der Motor, die Kupplung, das Getriebe und die Antriebswellen; bei Hinterachsantrieb auch die sogenannten Zwischengetriebe und Kardanwellen. Warum ergibt es Sinn, diese zu überprüfen? Wenn sie diese Teile nicht überprüfen, kaufen Sie den Fehler bzw. den Defekt mit! Und gerade diese Bauteile des Autos sind aufgrund ihrer vorhandenen Untersysteme wie Wasserpumpen beim Motor oder Gelenke bei den Antriebswellen besonders teuer.

Kommen wir zum ersten Teil des Antriebsstranges, dem Motor. Wann muss der Zahnriemen bzw. die Steuerkette gewechselt werden? Beides sind sehr wichtige Komponenten, die die Steuerzeiten des Motors und damit das Zusammenspiel zwischen Kurbel- und Nockenwelle steuern. Stimmt hier auch nur eine Kleinigkeit nicht, besteht die Gefahr eines eventuell irreparablen Motorschadens. Sie sollten also sicherstellen, dass die Wechselintervalle unbedingt eingehalten wurden und werden. Diese werden vom Hersteller angegeben.

Ein Motor ohne Öl ist kein Motor, da müssen Sie mir recht geben. Überprüfen Sie deshalb den Ölstand noch vor der Probefahrt! Nach der Fahrt befindet sich zu wenig Öl in der Ölwanne des Motors, sodass ein zu geringer Ölstand angezeigt wird. Also ist es sinnvoll und wichtig, den Ölstand bereits vor der Fahrt zu prüfen. Worauf ist dabei zu achten? Benziner neigen dazu, Öl zu verbrennen. Achten Sie also darauf, dass genügend Öl vorhanden ist. Dieselmotoren hingegen bringen häufig das Problem mit sich, dass sich das Öl durch das an den Zylinderwänden entstehende Kondenswasser verdünnt und der Ölstand ansteigt. Hier sollte dringend ein Öl-wechsel stattfinden! Sie sollten das Fahrzeug auf keinen Fall kaufen, wenn es zu wenig Öl enthält – denn dann wurde bereits mit zu wenig Öl gefahren. Dabei können nach nur kurzer Betriebszeit kapitale Motorschäden auftreten!

Testen Sie außerdem unbedingt die Zylinderkopfdichtung.

Was das ist? Ein Motor besteht aus einem Rumpf und einem Kopf. Anders ist es herstellerbedingt nicht möglich, den Motor nach dem Guss mit Inhalt (Kolben, Ventile etc.) zu füllen. Die Zylinderkopfdichtung ist zwischen Rumpf und Kopf eingebaut und dichtet den Verbrennungsraum ab. Sie enthält viele kleine Löcher, durch die Wasser oder Öl vom Rumpf in den Kopf gelangen kann. Ist die Zylinderkopfdichtung kaputt, wird zumeist Wasser im Öl oder Öl im Wasser festgestellt.

Es gibt aber auch Fälle, in denen einfach Druck auf das Wassersystem herrscht, weil der Kolben über die kaputte Dichtung direkt in den Wasserkreislauf drückt.

Wie testen Sie eine solche Fehlerquelle also? Ohne laufenden Motor können Sie schon einmal nachschauen, ob sich Wasser im Öl befindet. Schrauben Sie hierzu den Öldeckel vom Motor ab. Schauen Sie sich nun dessen Innenseite an. Befindet sich ein weißer Film auf dem Deckel, so handelt es sich um Wasser.

Bei Dieselmotoren muss man dabei besonders vorsichtig sein! Hier befindet sich nämlich, wie oben erwähnt, ohnehin oft Wasser im Öl. Bei einem Benziner können Sie im Falle des weißen Films auf der Innenseite des Öldeckels sofort die Haube schließen und sich gegen den Autokauf entscheiden. Bei einem Dieselfahrzeug hingegen sollten Sie sich jetzt die Ölfarbe am Peilstab ansehen. Ist das Öl tiefschwarz, handelt es sich bei dem enthaltenen Wasser um Fremdwasser, das von der Kopfdichtung herrühren kann. Wenn das Öl allerdings eher hellbraun ist, handelt es sich um Kondenswasser, welches durch die Verbrennung von den Kolbenabstreifringen entsteht.

Ist bislang alles in Ordnung? Dann starten Sie den Motor!

Lassen Sie den Motor in Ruhe warmlaufen. Während des Leerlaufs steigen Sie aus und nehmen vorsichtig den Deckel vom Wasserausgleichsbehälter. Entstehen jetzt, da der Motor in Betrieb ist, große und viele Blasen sowie brodelnde Dämpfe oder regenbogenfarbige Ölfilme, so ist dies ein Zeichen von vorhandenem Öl im Wasser. Das ist noch dramatischer als der umgekehrte Fall, da hier höhere Kosten anfallen werden: Denn hier muss der gesamte Wasserkreislauf nach Instandsetzung des Motors gespült werden. Wieso?

Alle Wassersysteme sind mit Öl kontaminiert. Das bedeutet, dass die Heizung, der Motor, der Kühler und teilweise auch die Abgasrückführung voll mit Ölresten sind. Da sich Öl und Wasser nicht verbinden, bleiben die Öle an verschiedenen Stellen zu verschiedenen Zeiten liegen. Meistens genau dort, wo man sie am wenigsten gebrauchen kann, nämlich im Kühler und im Wärmetauscher.

Stellen Sie beim Dieselmotor außerdem speziell fest, dass keine andere Flüssigkeit außer Öl aus dem Motor spritzt, wenn Sie den Öldeckel entfernen. Wenn Diesel entweicht, können die Pumpe-Düse-Elemente kaputt sein!

Was können Sie noch prüfen? Die Kupplung! Diese verbindet den Motor mit dem Getriebe. Ist sie verschlissen, so trennt sie sie dauerhaft, da kein haftender Belag mehr vorhanden ist, durch den die Kraftübertragung vom Schwungrad (Motor) auf die Druckplatte (Kupplung getriebeseitig) gewährleistet wird. Starten Sie also den Motor und schalten Sie in den Rückwärtsgang. Nun ziehen Sie die Handbremse komplett an! Geben Sie etwas Gas und lassen Sie die Kupplung sprunghaft kommen! Bleibt der Wagen an, ist die Kupplung defekt. Er muss in einer solchen Situation zwingend ausgehen. Sie können diesen Test nur durchführen, wenn es sich um einen Schaltwagen handelt. Bei einem Automatik-wagen geht das selbstverständlich nicht, da dieser keine Kupplung besitzt.

Werfen wir nun einen Blick auf das Getriebe. Da Geräusche nur entstehen, wenn sich das Fahrzeug bewegt, müssen Sie zur Überprüfung des Getriebes losfahren. So verhält es sich auch mit der Kardanwelle bei einem Wagen mit Heck- oder Allradantrieb. Diese ist nur während einer Probefahrt zu testen. Genauere Informationen hierzu finden Sie in Kapitel 3.2.3!

Bereits beim Einsteigen können Sie allerdings die Bremsen und die Lenkung testen. Schalten Sie dafür den Motor aus und bringen Sie das Lenkrad in eine gerade Position. Bewegen Sie es nun schnell hin und her. Es darf weder ein Klacken zu hören noch ein Ruckeln zu spüren sein. Ob das Bremssystem dicht ist, testen Sie, indem Sie bei ausgeschaltetem Motor mit dem Bremspedal „pumpen", indem sie es immer wieder mit dem Fuß betätigen. Wird es dabei immer härter, bis Sie es fast gar nicht mehr durchtreten können, ist alles dicht. Ansonsten besteht eine Undichtigkeit! Die Lenkung können Sie im Übrigen auch bei eingeschaltetem Motor testen. Schalten Sie ihn also ein und versuchen Sie, das Lenkrad mit nur zwei Fingern zu drehen. Rührt es sich nicht, ist die Servopumpe und/oder das Lenkgetriebe verschlissen. Kontrollieren Sie aber sicherheitshalber den Servoölstand, bevor Sie eine abschließende Beurteilung fällen. Ist zu wenig Öl darin, so kann das hydraulische System gar nicht richtig arbeiten. Allerdings hat es dann meist bereits Späne geworfen, die eines Tages den feinen Membranen im Lenkgetriebe zusetzen können.

Auch beim Thema Bremsen ist auf den richtigen Füllstand des Vorratsbehälters zu achten. Schauen Sie sich zudem die Farbe der Bremsflüssigkeit an. Erkennen Sie leicht milchige Strukturen, so enthält die Flüssigkeit zu viel Wasser. Ein Tausch der Füllung ist hier Pflicht, da sich Wasser nicht komprimieren lässt und Ihre Bremse so in einer Gefahrensituation versagen könnte.

3.2.3 Die Probefahrt

Es ist sehr wichtig, dass Sie so lange fahren, dass Sie alle Getriebegänge durchschalten können. Fahren Sie am besten in der Stadt, außerorts und auf der Autobahn, um alle relevanten Fahrsituationen einmal zu testen.

Machen Sie zuerst die Zündung an. Achten Sie auf das Kombi-Instrument. Wird eine fällige Wartung angezeigt? Oder bleiben alle Kontrollleuchten aus? Im zweiten Fall können Sie die Probefahrt ohne Bedenken beginnen. Im ersten Fall sollten Sie den Motor wieder abstellen und den Besitzer konfrontieren, indem Sie ihn über die Kontrollleuchten ausfragen.

Wenn beim Start jedoch alles nach Plan verlaufen ist, sollten Sie erstmal ein Stückchen fahren. Achten Sie dabei auf die Wassertemperatur! Steigt diese nach einigen Minuten an und bleibt anschließend in einem normalen Bereich, ist alles in Ordnung. Wenn sie aber schwankt oder gar nicht damit beginnt oder aufhört, anzusteigen, so stimmt etwas nicht. Sie sollten einen Kauf keinesfalls in Erwägung ziehen. Die Behebung dieses Problems kann mehrere tausend Euro kosten, die Suche nach dem Fehler hingegen kostet Ihre Nerven! Im nächsten Schritt testen Sie, ob die vollständige Motorleistung zur Verfügung steht. Es gibt Fahrzeuge,

die im Motornotlauf laufen, ohne dass eine Kontroll-
leuchte angeht. Geben Sie zur Überprüfung der Motorleistung bei wenig Wind auf einer steigungslosen Au-
tobahnstrecke Vollgas. Achten Sie darauf, ob das Fahrzeug die im Fahrzeugschein eingetragene Höchstgeschwindigkeit erreicht!

Worauf Sie außerdem achten sollten:

• Wie läuft der Motor? Gibt es hörbare und spürbare
Unterschiede zwischen dem Kalt- und Warmbetrieb?
• In welcher Position befindet sich das Lenkrad? Steht
es gerade, wenn Sie es loslassen?
• Vibriert das Lenkrad ab 50 km/h?
• Zieht es das Fahrzeug beim Bremsen zu einer Seite
hin?
• Überprüfen Sie das ABS, indem Sie eine Vollbrem-
sung aus 40 km/h durchführen.

Es funktioniert alles? Prima! Dann schlagen Sie zu! Bevor Sie den Kaufvertrag abschließen, kommt es ver-
mutlich noch einmal zu einem Gespräch mit dem Besitzer. Falls Sie Bedenken haben, sollten Sie diese an-
sprechen und beobachten, wie der Besitzer darauf reagiert. Sind Sie darin geschult, Lügen zu erkennen?
Dann profitieren Sie an dieser Stelle natürlich. Für alle

anderen gilt: Sollte Ihnen der Besitzer in jedem Fall gute, geschmackvolle Antworten servieren, indem er Ihre Bedenken herunterspielt, sollten Sie vorsichtig sein! Heuchelei beginnt mit freundschaftlichen Amüsements. Aber Sie sind schließlich nicht gekommen, um neue Freundschaften zu schließen, sondern um mit ruhigem Gewissen ein KFZ zu erwerben. Achten Sie also darauf, dass der Verkäufer sachlich bleibt.

Wenn Sie keine Bedenken mehr haben, können Sie sich mit dem Kaufvertrag auseinandersetzen. Viel Spaß!

3.2.4 Der Kaufvertrag

Nachdem Sie sich nun ein konkretes Bild vom Objekt Ihrer Begierde gemacht haben, können Sie in die Verhandlung einsteigen. Hierzu sollte Ihnen eines klar sein: Sie sollten in jedem Falle versuchen, zu handeln - egal, wie sehr Sie von dem Auto überzeugt sind. Machen Sie also ein Gegenangebot. Sie haben während Ihrer technischen Inspektion sicherlich etwas festgestellt, das Ihre preisliche Argumentation stützt. Um den Preis noch weiter zu senken, können Sie auf angebotenes Zubehör wie Felgen oder Dachgepäckträger verzichten.

Stellen Sie vor Abschluss des Kaufvertrages sicher, dass folgende Punkte erfüllt sind:

• Sind die Fahrzeugpapiere vollständig?

• Sind alle Fahrzeugschlüssel vorhanden?

• Liegt eventuelles Zubehör vor?

Sie sind zudem gut damit beraten, alle mündlichen Vereinbarungen wie „das schicke ich Ihnen noch nach" schriftlich im Kaufvertrag festzuhalten.

Der Kaufvertrag gilt als abgeschlossen, sobald beide Parteien diesen unterschrieben haben. Danach haben Sie es endlich geschafft. Sie dürfen sich nun als neuen Besitzer eines KFZs bezeichnen!

4. Fazit

4.1 JEDER MUSS FÜR SICH SELBST ENTSCHEIDEN, WAS DAS RICHTIGE IST

Um auf der sicheren Seite zu sein, sollten Sie bereits vor dem Kauf eine nachhaltige Informationsbeschaffung betreiben. Sie werden nicht ins kalte Wasser geschmissen und Ihres Geldes beraubt, wenn Sie vorher schwimmen lernen und sich zu schützen wissen! Sie gehen also als Experte in die Suche und später als Kritiker in die Besichtigung und in den Kaufprozess.

Sie haben festgestellt, dass es viele verschiedene Möglichkeiten gibt, ein KFZ zu erwerben. Diese lassen sich grob in den Einkauf beim Händler und in den Kauf von einem privaten Anbieter unterteilen.

Beide Optionen haben ihre Tücken: So muss ein Händler seit einigen Jahren Gewährleistung geben, während eine Privatperson nicht dazu verpflichtet ist.

Wenn es um die richtige Wahl des Gebrauchtwagens geht, so haben Sie erfahren, dass Plattformen wie Insta-Motion, eBay Kleinanzeigen und mobile.de bereits viele praktische Tipps und Ratschläge bereitstellen. Dabei steht vor allem immer die rechtliche Absicherung Ihres Anliegens im Vordergrund. Sowohl der Kaufprozess als auch die Probefahrt sollten und müssen auch rechtlich auf einer sicheren Basis ablaufen. Sie müssen schließlich auch nicht das Rad neu erfinden und diverse Verträge neu erstellen - zumal dies auch eine Sache des Verkäufers bzw. des Händlers ist. Der ADAC bietet zum Beispiel Musterformulare an.

Sie haben außerdem gelesen, wie man die Besichtigung des KFZs vor Ort korrekt durchführt. Dabei haben Sie gelernt, auf welche technischen Mängel zu achten ist und wann Sie schleunigst die Notbremse ziehen und den Kauf abbrechen sollten.

Wir haben uns zudem angesehen, wie die Probefahrt abzulaufen hat und wie Sie sich nachträglich vor einem bösen Erwachen schützen können. Um die Sache abzuschließen, sind wir am Ende noch einmal kurz auf den dann anstehenden Kaufvertrag eingegangen.

4.2 EMPFEHLUNG

Meine Empfehlung lautet: Gehen Sie nach dem Lesen dieses Buches erst einmal an die frische Luft und atmen Sie tief durch. Nehmen Sie die Suche nach Ihrem Traumwagen im Anschluss wieder auf und schauen Sie ins Glossar (Kapitel 5). Hier erkläre ich Ihnen noch einmal die wesentlichen Begriffe, mit denen Sie in diesem Buch konfrontiert wurden.

Ihr Unterbewusstsein und Ihr Langzeitgedächtnis werden sich bemerkbar machen und Sie werden staunen, wie viel noch hängen geblieben ist. Anschließend gehen Sie sämtliche Inserate und Anzeigen im Netz oder in der Presse durch, um Ihren Traumwagen zu finden. Wenn dennoch Probleme oder Fragen aufkommen sollten, können Sie die entsprechende Stelle des Buches erneut aufsuchen. Ich nehme Sie an die Hand und wir treffen gemeinsam eine Auswahl.

4.3 HINWEIS

Vorsicht! Gehen Sie nicht davon aus, dass Sie nach dem Lesen dieses Ratgebers ohne Probleme ein KFZ finden. Sie können nur das finden, was auch angeboten wird. Manchmal ergibt es Sinn, bis zum nächsten Sommer zu warten, um gebrauchte Winterautos zu finden. Andersherum ist es ähnlich: Sie haben im Winter eine größere Chance auf ein ansprechendes und dazu günstiges Sommerauto!

Gehen Sie trotzdem erhobenen Hauptes mit Ihrem neu erworbenen Wissen hinaus in die Welt! Sorgen Sie sich nicht darüber, mit Fachleuten zu diskutieren und scheuen Sie sich nicht davor, sich weiterzubilden. Dieser Ratgeber war Ihr Einstieg in eine Welt, die Ihnen womöglich Zugang zu ganz neuen Pforten bieten kann.

4.4 SCHLUSSWORT

An dieser Stelle möchte ich mich erst einmal dafür bedanken, dass Sie das Buch gekauft und gelesen haben. Ich hoffe, dass Sie einen guten Einblick in den Erwerb und in das Testen eines KFZs erlangen konnten. Sie haben viele Anhaltspunkte für die Suche nach einem Gebrauchtwagen erhalten und einige Methoden der Umsetzung kennengelernt. Ich kann Ihnen nur ans Herz legen, Ihre mit diesem Buch erlernten Fähigkeiten in die Tat umzusetzen. Sie werden begeistert sein!

5. Glossar

Hier finden Sie eine alphabetische Auflistung der Fachbegriffe aus dem Buch und ihrer Definitionen.

5.1 DEFINITIONEN

ABE: Die Allgemeine Betriebserlaubnis (ABE) wird durch den Hersteller eines Bauteils nachgewiesen. Eine Eintragung entfällt bei einer gültigen ABE. Auflagen müssen trotzdem eingehalten werden.

ABS: Das Antiblockiersystem ist eine Errungenschaft aus den späten 90er Jahren. Ziel eines ABSs ist es, die Lenkfähigkeit auch bei blockierenden Rädern noch zu garantieren. Bei einer Bremsung können die

Räder so stark festgehalten werden, dass sie sich gar nicht mehr drehen können. Wird das Auto dennoch weiter vorwärtsgetrieben, so greift das ABS ein. Hier wird das blockierte Rad getaktet gelöst. Löst man das ABS aus, so kann man meistens ein Stottern in der Bremse, wenn nicht sogar direkt im Bremspedal, spüren. Durch das getaktete Lösen bleibt die Lenkfähigkeit weiterhin erhalten.

Antriebswelle: Die Antriebswelle verbindet den Getriebeausgang mit der Radnabe. Sie sorgt für den nötigen Antrieb eines KFZs. Bei einem Frontantrieb verbindet die Antriebswelle Getriebe und Radnabe direkt. Bei einem Heckantrieb erfolgt die Kraftübertragung zunächst über Zwischengetriebe und Kardanwellen.

ASR: Die Antischlupfregelung ist eine Erweiterung des Antiblockiersystems. Die Aktorik reagiert ähnlich: Das betreffende Rad wird nun aber getaktet gehalten. Wenn beim Anfahren die Räder durchdrehen, sorgt diese Technik dafür, dass immer noch genügend Traktion vorhanden bleibt. Die ASR ist die Vorgängerin der Traktionskontrolle, welche zudem noch als ESP wirkt.

Ausstattungscodes: Fahrzeughersteller versehen ihre Wagen mit sogenannten Ausstattungscodes. Das sind Zahlen- bzw. Buchstabenkombinationen, mit denen das Fahrzeug ausgestattet ist. So werden zum Beispiel Autos mit und ohne Klimaanlage sowie mit und ohne Infotainment-System unterschieden.

Bremsen: Die Bremsen eines Fahrzeugs entschleunigen dieses und schützen somit vor Kollisionen. Sie sind das wichtigste und lebensnotwendigste Bauteil und bringen Ihr Fahrzeug zum Stoppen. Man unterscheidet zwischen Scheiben- und Trommelbremsen. Scheibenbremsen sitzen an der Radnabe und drehen sich mit dem Rad mit. Der Bremssattel enthält die Bremsbeläge. Diese sorgen durch Ihren spezifischen Reibungskoeffizienten bei aufkommenden Bremspedaldruck für ein Festhalten der Bremsscheibe. Dadurch wird das Fahrzeug entsprechend abgebremst. Die Bewegungsenergie wird durch das Bremsen in Wärmeenergie und Verformungsenergie umgewandelt.

DEKRA: Der Dekra ist die größte Prüforganisation Deutschlands. Er wurde im Jahr 1925 gegründet und beschäftigt rund 45.000 Mitarbeiter deutschlandweit mit einem Umsatz von rund 3,3 Milliarden Euro.

eBay: Das zuerst unter dem Namen „Auction-Web" gegründete eBay ist ein US-amerikanisches Unternehmen, welches durch seinen Online-Marktplatz weltweit bekannt ist. eBay wurde im Jahr 1995 gegründet und begann als Verbraucher-zu-Verbraucher-

Plattform, entwickelte sich jedoch nach und nach zu einer Angebotsseite für Händler und Firmen. eBay unterhält außerdem auch den Giganten eBay Kleinanzeigen. Dieser macht es gerade privaten Nutzern besonders einfach, miteinander zu kommunizieren und zu handeln. PayPal gehörte bis einschließlich 2015 ebenfalls zum Unternehmen dazu, wurde dann aber durch Elon Musk (SpaceX und Tesla) aufgekauft.

EGBE: EGBE (oder auch EG-BE) ist ein Genehmigungszeichen, welches innerhalb der EU für Tuningteile oder technische Teile gilt, die zugelassen sind. Die EGBE sorgt dafür, dass die Betriebserlaubnis des Fahrzeugs bei Einbau eines Teils mit EGBE-Nummer nicht erlischt.

Erstzulassung: Als Erstzulassung gilt das Datum der ersten Anmeldung des KFZs beim Straßenverkehrsamt. Hierzu muss ein umfassendes Abgasgutachten vorliegen.

ESP: Das Elektronische Stabilitätsprogramm ist ein Fahrerassistenzsystem, welches die Spurstabilität des Fahrzeugs elektronisch überwacht. Sorgt ein Lenkmanöver dafür, dass die Spur nicht gehalten werden kann, so unterstützt dieses System den Fahrer, indem es die Räder abbremst und somit einem Ausbrechen des Wagens entgegenwirkt.

eVB-Nummer: Nachdem Sie eine KFZ-Versicherung abgeschlossen haben, stellt die Versicherung Ihnen eine elektronische Versicherungsbestätigung aus. Diese eVB wird Ihnen als Nummer bzw. als Buchstabenkombination mitgeteilt. Sie sind in der Pflicht, eine eVB-Nummer anzugeben, wenn Sie Ihr Fahrzeug anmelden. Die Versicherung, die Ihnen die eVB mitgeteilt hat, ist die endgültige Versicherung Ihres Wagens. Übrigens: Ein Versicherungsabschluss allein stellt für Sie keine Zahlungsverpflichtung dar. Erst nach Anmeldung des Fahrzeugs auf die entsprechende eVB tritt die Zahlungsbringschuld in Kraft.

Fahrzeugbrief: Der Fahrzeugbrief wird unter anderem als KFZ-Brief bezeichnet und ist die Bescheinigung über die allgemeine Zulassung im öffentlichen Straßenverkehr. Aufgrund der EU-weiten Vereinheitlichung ist „Fahrzeugbrief" allerdings nicht mehr die offizielle Bezeichnung des Dokuments. Diese lautet nun „Zulassungsbescheinigung Teil 2". Der Besitzer des Fahrzeugbriefs ist der offizielle Besitzer des Fahrzeugs. Nur er kann das Fahrzeug anmelden. Bewahren Sie den Fahrzeugbrief daher niemals im Fahrzeug auf. Wird das Fahrzeug gestohlen und enthält dabei den Fahrzeugbrief, ist es unwiederbringlich verloren - es kann schließlich unter einem anderen Kennzeichen angemeldet werden. Wie sollen Sie dann noch heraus-finden, wo es ist? Schwierige Geschichte. Bei Abmel-dung des Fahrzeugs darf der Brief nicht entwertet wer-den. Er wird stattdessen mit einem Abmeldevermerk versehen. Den Brief nehmen Sie also zurück - der Fahr-zeugschein hingegen wird entwertet.

Fahrzeugschein: Den Fahrzeugschein erhalten Sie als Halter bei der Anmeldung Ihres Fahrzeugs mit dem Fahrzeugbrief. Wenn Sie im Straßenverkehr un-terwegs sind, müssen Sie diesen mit sich führen. Die Polizei kontrolliert daran in erster Linie die Zulassung Ihres Fahrzeugs.

FIN: Die Fahrzeugidentifikationsnummer ist die eindeutig auf Ihr Fahrzeug zugeschnittene Nummer. Sie befindet sich meistens auf dem Rahmen des Fahr-zeugs oder in einem kleinen Sichtfenster unter der Windschutzscheibe. Prüfen Sie die Übereinstimmung der Fahrgestellnummer im Fahrzeugbrief/-schein mit der FIN auf dem Fahrzeugrahmen. Es muss sich dabei um die gleiche Nummer handeln.

Frontantrieb: Der Frontantrieb ist eine überaus verbreitete Antriebstechnologie. Die Kraftübertragung erfolgt hier über relativ kurze Antriebswellen direkt aus dem Getriebe heraus.

Getriebe: Das Getriebe ist eines der wichtigsten Bauteile eines Autos - dazu aber auch eines der teuersten. Es verbindet den Motor übersetzt mit der Straße. Grundsätzlich gibt es zwei verschiedene Arten von Getrieben: Das Schalt- und das Automatikgetriebe.

Neue und moderne Autos besitzen häufig ein DSG-Getriebe (Doppelschaltgetriebe). Den Vorteil hierbei bietet die nahezu konstante Geschwindigkeit beim Schalten zwischen zwei Gängen: Sie gleiten beinahe nahtlos ineinander über. Ein DSG-Getriebe funktioniert aus Anwendersicht ähnlich wie ein Automatikgetriebe, ist jedoch aus technischer Sicht ein Schaltgetriebe.

Gewährleistung: Händler müssen die Gewährleistung seit einigen Jahren auf Ihre angebotenen Autos geben. Das bedeutet, dass sie für Fehlfunktionen und Reparaturen bis zu einem Jahr nach Kaufabschluss aufkommen müssen. Private Verkäufer sind in der Regel von einer Gewährleistungspflicht befreit, können die Gewährleistung aber dennoch anbieten. Meistens beträgt der preisliche Unterschied zwischen Inseraten beim Autohändler und Inseraten auf privater Basis dadurch mehrere tausend Euro. Der Händler muss schließlich Gewinn machen und eine Gewährleistung beziehungsweise Garantie aussprechen.

GTÜ: Die GTÜ ist eine amtliche Überwachungsorganisation, welche die Hauptuntersuchung nach § 29 StVZO, Änderungsabnahmen nach § 19 (3) StVZO, Gutachten für die Einstufung eines Fahrzeugs als Oldtimer nach § 23 StVZO, Gutachten nach § 5 Fahrzeug-Zulassungsverordnung (FZV), Untersuchungen nach §§ 41, 42 (2) bzw. 42 (1) Verordnung über den Betrieb von Kraftfahrunternehmen im Personenverkehr, Sicherheitsprüfungen nach § 29 StVZO, die Ausstellung einer Bestätigung für § 13 FZV über die Änderung von Fahrzeug- oder Halterdaten, Untersuchungen von Anhängern zur Anhebung der zulässigen Höchstgeschwindigkeit auf 100 km/h, die Verlängerung von ADR-Bescheinigungen, die Verlängerung von CEMT-Bescheinigungen, den Nachdruck von Untersuchungsberichten und Änderungsabnahmen, ECE-Exportgutachten, Gasanlagenprüfungen (GAP), wiederkehrende Gasanlagenprüfungen (GWP) und Gassystemeinbauprüfungen (GSP) sowie die jährliche Kutschenprüfung zur Feststellung von deren Verkehrssicherheit und Schadengutachten durchführt.

Haftpflicht: Eine Haftpflichtversicherung ist eine Pflichtversicherung im deutschen Straßenverkehr. Diese kann nur dann greifen, wenn eine weitere Person Schadensersatz von Ihnen fordert.

Hauptuntersuchung: siehe HU.

Heckantrieb: Der Heckantrieb ist eine Schlüssel-technologie und stammt ursprünglich aus dem Renn-sport. Durch ihn sind höhere Kurvengeschwindigkei-ten erreichbar. Die Kraftübertragung erfolgt bei einem Frontmotor über Kardanwellen und Zwischengetriebe. Die meist längeren Antriebswellen im hinteren Be-reich erledigen dann den Rest. Eine Kombination aus Heck- und Frontantrieb wird als Allradantrieb bezeich-net. Hier können beide Achsen immer betrieben wer-den - wahlweise kann auch nur eine Achse oder bei Traktionsverlust einer Achse die andere automatisch betrieben werden.

HU: Die Hauptuntersuchung (HU) wird umgangs-sprachlich auch häufig als die TÜV-Fälligkeit bezeich-net. Sie muss alle zwei Jahre bei jedem Fahrzeug durch-geführt werden. Nur Neuwagen erhalten einmalig drei Jahre lang freie Fahrt. Die HU wird seit einigen Jahren nur noch mit einem Prüfsiegel anstelle von zweien vi-sualisiert. Früher wurde die AU (Abgasuntersuchung) separat durchgeführt und mit einem zusätzlichen Sie-gel ausgewiesen, welches damals noch auf dem vorde-ren Kennzeichen angebracht wurde. Heute wird die AU gleichzeitig mit der HU durchgeführt. Sie ist also mittlerweile ein fester Bestandteil der HU.

InstaMotion: InstaMotion ist der richtige Ansprechpartner, wenn Sie Ihr passendes Fahrzeug unter mehr als 30.000 Inseraten deutschlandweit finden möchten. Die Website bietet neben dem eigentlichen Autohandel die Möglichkeit, eine Allianz KFZ-Versicherung abzuschließen, Ihr Wunschkennzeichen zu reservieren, neue Winterräder zu kaufen oder ein Garantie Upgrade abzuschließen.

Kardanwelle: Die Kardanwelle überträgt die Kraft aus dem Hauptgetriebe auf die Zwischengetriebe. Diese Technik wird bei einem Heckantrieb verwendet.

KFZ: Abkürzung für Kraftfahrzeug.

Klarna: Klarna ist ein Finanzriese und bietet Endverbrauchern die Möglichkeit, bei Online-Bestellungen Rechnungen oder Online-Überweisungen vorzunehmen. Klarna übernimmt ähnlich wie PayPal eine Art Zahlungssicherheit: Der Verbraucher kann seine Ware bereits vor der Zahlung erhalten und ist somit auf der sicheren Seite. Der Verkäufer allerdings muss das Risiko eines eventuelles Zahlungsausfalles tragen. Bei der Sofort-Überweisung hingegen wird wiederum dem Händler mehr Sicherheit geboten. Anders sieht es bei einem Finanzierungsmodell aus: Auch hier können Zahlungsausfälle entstehen.

Klimaanlage: Die Klimaanlage ist für ihren kühlenden Effekt bekannt. Doch was genau macht die Klimaanlage? Durch das Ansaugen von Luft durch das Gebläse gelangen sowohl die Außenluft als auch Feuchtigkeit ins Auto. Die Klimaanlage beinhaltet eine hochgiftige Flüssigkeit, welche die Temperatur der Außenluft aufnimmt und den Luftstrom abkühlt. Die Kühlung dieser Flüssigkeit wird wiederum im Fahrtwind im sogenannten Klimakondensator umgesetzt. Dieser befindet sich meist vor dem Motorkühler. Ein Tipp: Schalten Sie die Klimaanlage am besten 15 Minuten vor Ankunft ab. So entstehen keine Flüssigkeiten durch Kondensation im Inneren der Klimaanlage. Beachten Sie diesen Hinweis nicht, kann es dazu kommen, dass eben jene Flüssigkeiten zu stinken beginnen. Schalten Sie in diesem Falle die Lüftung eine Stufe höher.

Kolbenringe: Wie können die im Zylinder laufenden Kolben zur Zylinderwand hin abgedichtet werden? Durch Kolbenringe. Kolbenringe streifen zudem überschüssiges Öl ab, welches das Pleuel aus dem Bereich der Kurbelwelle aufnimmt und sonst verbrannt werden würde.

Kombiinstrument: siehe Tacho.

Kühler: Der Motorkühler kühlt den Motor - wie das Wort schon sagt. Um den Motor vor einer Überhitzung zu schützen, eignet sich Kühlwasser. Dieses wird konstant bei einer Temperatur von etwa 90°C gehalten. Der Kühler sitzt dabei vor dem Motor und kühlt das Wasser durch den Fahrtwind entsprechend ab. Es herrscht ein Kreislauf, der über das sogenannte Thermostat geregelt wird. Dieses schaltet den großen und den kleinen Kühlkreislauf wahlweise ein oder aus. Am kleinen Kühlkreislauf sind vorerst nur Motor und Heizung beteiligt, damit der Motor schneller warm wird. Erreicht er in etwa seine Betriebstemperatur, greift das Thermostat und der Kühler wird zur Kühlung hinzugeschaltet.

Kupplung: Die Kupplung verbindet den Motor mit dem Getriebe. Ist sie verschlissen, so trennt sie sie dauerhaft, da kein haftender Belag mehr vorhanden ist, durch den die Kraftübertragung vom Schwungrad (Motor) auf die Druckplatte (Kupplung getriebeseitig) gewährleistet wird. Um die Funktion der Kupplung zu testen, können Sie den Motor starten und in den Rückwärtsgang schalten. Nun ziehen Sie die Handbremse komplett an! Geben Sie etwas Gas und lassen Sie die Kupplung sprunghaft kommen! Bleibt der Wagen an, ist die Kupplung defekt. Er muss in einer solchen Situation zwingend ausgehen.

Kurbelwelle: Die Kurbelwelle führt die Kolben im Motor. Sie ist der Antrieb des Motors und treibt somit das ganze Fahrzeug an. Die Kurbelwelle schließt zum Getriebe hin mit dem Schwungrad (bei Dieselmotoren mit dem sogenannten Zweimassenschwungrad) ab, auf dem die Kupplung und das Federpaket montiert sind.

Motornotlauf: Heute sind Fahrzeuge so gut überwacht, dass Sie sich sogar selbst schützen und zur Selbsterhaltung zwingen. Dazu wird bei großen begangenen Fehlern in den sogenannten Motornotlauf geschaltet. In diesem Fall sollte schleunigst eine Werkstatt aufgesucht werden. Im Motornotlauf wird der Motor durch eine geringere Leistung vor Zerstörung durch Fehler geschützt.

Nockenwelle: Der Motor besitzt Einlassventile, durch die das Kraftstoffluftgemisch in den Motor einströmt, und Auslassventile, durch die die verbrannten Abgase ausgestoßen werden. Die Nockenwelle führt die Ventile des Motors. Die Nockenwellenposition bestimmt im Verhältnis zur Kurbelwelle die sogenannten Steuerzeiten, die für einen ruhigen Motorlauf optimalerweise mit Spezialwerkzeug eingestellt werden.

Phishing: Dieser Begriff bezeichnet eine Betrugsmasche, bei der Betrüger über SMS-Nachrichten,

WhatsApp-Nachrichten und E-Mails an Ihre Daten kommen wollen, indem sie sich als ein seriöses Unternehmen oder als einen Händler ausgeben.

Pumpe-Düse-Element: Die ältere Generation der TDI-Motoren besitzt die sogenannten Pumpe-Düse-Elemente, die für mehr Leistung sorgen. Wie genau das funktioniert? Sie können sich vorstellen, dass ein Motor mehr leistet, wenn man mehr Energie hineinsteckt. Genau so funktioniert es! Der Kraftstoffdruck wird durch eine Nockenwelleneinspritzung direkt in den Brennraum erhöht.

Reifen: Worum es sich bei Reifen handelt, sollte bekannt sein. Aber kennen Sie auch die Details, die sie von den Reifen ablesen können? Die sogenannte DOT-Nummer beispielsweise gibt das Datum der Herstellung (Produktionswoche und -jahr) an. Nach acht Jahren ist das Gummi der Reifen so spröde, dass Sie nicht mehr damit fahren sollten. Also Vorsicht bei DOT xx-13!

Rost: Eisenoxid entsteht durch die Reaktion von Sauerstoff, Eisen und Wasser. Platzt an Ihrem Fahrzeug eine Lackschicht ab, so entsteht innerhalb von wenigen Tagen eine dünne feine Rostschicht, die das Material schwer angreift. Stellen Sie also immer sicher, dass Ihr Lack gepflegt ist!

Scheckheft: Im Scheckheft kann ein Fahrzeughalter alle am KFZ vorgenommenen Inspektionen eintragen – quasi wie ein Impfpass, nur mit Kilometer- und nicht mit Zeitrechnung.

SEPA-Lastschriftmandat: Bei der Anmeldung eines Fahrzeugs erteilen Sie der Bundeskasse in Trier ein SEPA-Lastschriftmandat. Dieses erlaubt es der Steuerbehörde, Ihre fälligen KFZ-Steuern von Ihrem Konto abzubuchen. Sie können trotzdem einen Lastschrift-Widerspruch gegen falsche Abbuchungen einlegen. Übrigens: Wenn Sie Ihr Fahrzeug abmelden, erhalten Sie nach nur wenigen Wochen überschüssig gezahlte Steuern automatisch auf Ihr Konto zurück.

Steuerkette: Die Steuerkette verbindet die Kurbel- und die Nockenwelle.

Tacho: Als Tachometer wurde ursprünglich die Einheit des Kombiinstruments bezeichnet, welche die Geschwindigkeit anzeigt. Heute wird das ganze Kombiinstrument als Tacho bezeichnet. Ein Tacho beinhaltet neben der Geschwindigkeitsanzeige den Drehzahlmesser, die Anzeige der Wassertemperatur, die Tankanzeige und meistens noch ein Display mit Service-Hinweisen. Auch alle Kontrollleuchten befinden sich in der Tachoeinheit. Hier wird im Übrigen auch Ihr Kilometerstand angezeigt.

Teilkasko: Eine Teilkasko ist eine Haftpflichtversicherung, welche in einigen Fällen auch Schäden mitträgt, bei denen nur Sie selbst Schadensersatz fordern. Haben Sie zum Beispiel einen Wildschaden, so zahlt Ihre Teil-kasko-Versicherung die entstandenen Schäden. Derartige Versicherungen haben meist hohe Auflagen und zahlen nur schlecht.

TÜV: Der TÜV ist die größte Prüforganisation im Westen Deutschlands.

Undercover-Händler: Ein Undercover-Händler ist ein Trickbetrüger und täuscht Sie unter der Verwendung verschiedener Medien oder Messengerdienste. Unter Umständen erhalten Sie ein gänzlich anderes Auto, als sie ursprünglich erwerben wollten, an welches Sie rechtsgebunden sind.

VCDI: VCDI Ist die Bezeichnung für die VW-eigene Software zum Auslesen der OBD2- Schnittstelle. Damit können Sie Live-Diagnostik sowie Fehlersuchen durchführen.

VIN: Vehicle Identity Number. Siehe FIN.

Vollkasko: Eine Vollkasko-Versicherung schützt Sie auch vor Schäden, die nur Sie selbst davontragen. Meistens definieren Sie selbst eine gewisse Eigenbeteiligung, damit Ihr Monatsbeitrag nicht zu hoch wird. Eine Vollkasko ist keine erweiterte Teilkasko, sondern eine vollumfängliche Haftpflichtversicherung. Je nach Vertrag können damit unterschiedliche Schäden abgedeckt sein. In der Regel zahlt es sich aus, eine Versicherung auf den Fahrzeugwert zu beziehen. Es ergibt keinen Sinn, ein Fahrzeug, welches Sie für 500€ gekauft haben, mit einem Betrag von 100€ im Monat zu versichern.

VW: Volkswagen (VW) ist einer der größten deutschen Automobilhersteller. Der VAG-Konzern, welcher die verschiedenen Tochter- und Schwestergesellschaften von VW unterhält, ist der größte Autogigant der Welt. Volkswagen wurde in der Mitte des 20. Jahrhunderts von Ferdinand Porsche gegründet und erlangte mit seinem VW Käfer weltweite Berühmtheit.

Wärmetauscher: Ein Wärmetauscher tauscht thermodynamisch die Bewegungsenergien von schwingenden Molekülen aus. Im Fahrzeug erwärmt der Motor sein Kühlwasser. Der Wärmetauscher sorgt dafür, dass die Wärme des Kühlwassers in die Luft abgeben werden kann. Wenn durch eine defekte Zylinderkopfdichtung Öl im Kühlkreislauf sitzt, kommt es hierbei oft zu Defekten.

Web-ID: Eine Web-ID ist eine Identifizierungsnummer, die Sie zur Verifizierung von Zahlungen nutzen können. Sie prüft sowohl Daten als auch Ausweisdokumente.

Windschutzscheibe: Die Windschutzscheibe schützt Sie nicht nur vor kaltem Fahrtwind, sondern vor allem auch vor aufgeschleuderten Steinen und anderen Gegenständen, die bei hohen Geschwindigkeiten lebensgefährlich für Sie werden können.

Zahnriemen: Der sogenannte Zahnriemen übernimmt die gleiche Funktion wie die Steuerkette.

Zylinderkopfdichtung: Dichtung zwischen beiden Motorhälften.

Herstellung und Verlag:

BoD – Books on Demand, Norderstedt

ISBN: 9783753419985

© Mario Schweizer 2021

1. Auflage

Kontakt: Psiana eCom UG/ Berumer Str. 44/ 26844 Jemgum

Covergestaltung: Fenna Larsson

Coverfoto: depositphotos.com